서울시 종로구 행촌동 1번지
아주 특별한 집
딜쿠샤의 추억

김세미 이미진 글 전현선 그림

찰리북

글 김세미, 이미진

다큐멘터리 작가와 프로듀서로 사람과 건축, 역사에 관한 다큐멘터리를 만들고 있습니다. 2005년 딜쿠샤를 만나자마자 첫눈에 매료되었고, 그때부터 딜쿠샤에 대한 이야기를 기록해 왔습니다. 그 이야기들을 모아 2013년에 「희망의 궁전, 딜쿠샤」라는 다큐멘터리를 만들었고, 지금도 계속 딜쿠샤의 이야기를 기록하고 있습니다.

그림 전현선

화가이자 작가입니다. 이화여자대학교 서양화과를 졸업하고 동 대학원을 수료했습니다. 이야기를 그림으로 전달하는 일에 흥미를 느끼며 동화책 모으는 것을 좋아합니다. 「끝없이 갈라진 길」(2012, 옆집갤러리)을 시작으로 다섯 번의 개인전과 다수의 그룹전을 가졌습니다. 쓴 책으로는 『그림이 된 생각들』이 있으며 이 책은 처음으로 작업한 그림책입니다.

서울시 종로구 행촌동 1번지
아주 특별한 집

딜쿠샤의 추억

1판 1쇄 발행 2017년 12월 29일
1판 11쇄 발행 2024년 6월 7일

글 김세미, 이미진 | **그림** 전현선
펴낸이 박철준 | **편집** 신지원 | **디자인** 형태와내용사이
펴낸곳 찰리북 | **주소** 서울시 마포구 동교로18길 33, 201(서교동, 그린홈)
전화 02)325-6743 | **팩스** 02)324-6743 | **전자우편** charliebook@gmail.com
출판등록 2008년 7월 23일(제313-2008-115호)

ISBN 978-89-94368-73-3 77910
ⓒ 김세미, 이미진, 전현선, 2017
*이 책 내용의 일부 또는 전부를 사용하려면 반드시 저작권자와 찰리북의 서면 동의를 받아야 합니다.
*잘못된 책은 구입하신 곳에서 바꾸어 드립니다.
*이 도서의 국립중앙도서관 출판시도서목록(CIP)은 서지정보유통지원시스템 홈페이지(http://seoji.nl.go.kr)와 국가자료공동목록시스템(http://www.nl.go.kr/kolisnet)에서 이용하실 수 있습니다.(CIP제어번호: CIP2017029967)

어린이제품안전특별법에 의한 제품 표시			
제조사명	찰리북	**전화번호**	02-325-6743
제조국명	대한민국	**주 소**	서울시 마포구 동교로18길 33, 201(서교동, 그린홈)
사용연령	만 10세 이상 어린이 제품		

차례

프롤로그 어느 행복한 날의 기억 4

1917년 ~ 1942년
내 이름은 딜쿠샤 8

1945년 ~ 2000년
창문 너머로 바라본 서울 28

2006년 ~ 2016년
언제나 그 자리에 44

에필로그 언젠가는 돌아올 곳 54

프롤로그

어느 행복한 날의 기억

오늘도 나는 뚝딱뚝딱 시끄러운 공사 소리에 잠을 깼단다.
눈앞에는 키 큰 아파트들이 하늘을 향해 마구 올라가고 있구나.
내가 여기서 서울을 내려다본 지도 벌써 100년이 다 되었단다.
그때 이 언덕 아래에는 기와집과 초가집밖에 없었지.
나를 둘러싼 수많은 빌딩들도 하나도 없었단다.

90여 년 전 그때는 눈앞이 시원하게 탁 트여 있었어.
저 멀리 한강까지 볼 수 있었지.
겨울에는 한강에서 썰매 타는 사람들까지 다 보였단다.
내 발밑에서부터 언덕 아래까지는 복숭아나무와 체리나무가 길게 펼쳐져 있었어.
봄이면 향긋한 과일 내음이 바람을 타고 인왕산 자락에 퍼져 나갔지.

그때 나의 정원에서는 한 아이의 맑은 웃음소리가 아침부터 밤까지 끊이지 않았어.
그 아이의 이름은 브루스란다.
내 품에서 자랐고 내가 평생 잊을 수 없는 그리운 사람의 이름이지.

1917년~1942년

내
이름은
딜쿠샤

자, 이제 내가 누군지 말해 줄 때가 되었구나.
조금 이상하게 들릴지 모르겠지만 내 이름은 '딜쿠샤'라고 한단다.
오랫동안 진짜 내 이름을 아는 사람은 없었지.
그래서 내 이름을 불러 주는 사람도 없었단다.
동네 사람들은 나를 '붉은 벽돌집'이나 '서양 사람 집' 같은 별명으로 부르더구나.
심지어는 '귀신이 나오는 집'이라고 부르는 사람들도 있었어.
사람들 눈에는 내 모습이 너무 낡고, 으스스해 보였기 때문이겠지.

내가 서 있는 이곳은 서울의 한복판, 종로구 행촌동이란다.
바로 내 옆에 서 있는 이 커다란 은행나무 때문에
'은행나무 마을'이라는 뜻의 행촌동이 되었지.
아주 오래전 내가 서 있는 이 자리엔
행주 대첩으로 유명한 조선의 명장, 권율 장군의 집이 있었다는구나.
이 커다란 은행나무도 권율 장군이 심었다고 전해진단다.
바로 이 오래된 은행나무 덕분에 내가 태어날 수 있었지.
자, 은행나무에게 들은 내 탄생 이야기, 들어 볼래?

1917년 어느 날이었지.
인왕산 성벽을 따라 서양인 남녀가 산책을 하고 있었단다.
갈색 머리의 키 큰 남자는 미국인 앨버트 테일러였고,
금발 머리의 아름다운 여자는 영국인 메리 테일러였지.
두 사람은 인도에서 결혼하고 한국에 정착한 신혼부부였어.

언덕을 내려오던 메리는 커다란 은행나무를 보자마자 마음을 빼앗겼단다.
"이 나무의 이름은 뭐예요?"
"은행나무라고 불리는데 식물학자들은 살아 있는 화석이라고도 부르지.
한국인들이 숭배하는 나무야."
"이 멋진 나무 밑에 우리 집을 짓고 싶어요!"

앨버트는 아내의 소원을 들어주기 위해 은행나무 옆에 집을 짓기 시작했단다.
붉은 벽돌을 쌓고, 넓은 거실과 벽난로도 만들었지.
산 밑에서부터 계단을 만들고,
계단 양쪽에는 개나리와 무궁화도 심었단다.
그 집이 바로 나란 걸 이미 눈치채고 있었지?
마지막으로 앨버트는 내 발밑에 성경의 시편 127장 1절을 새겼어.

'건축가가 집을 지어도 하느님이 짓지 않으면 헛되고
파수꾼이 성을 지켜도 하느님이 지키지 않으면 헛되도다.'

앨버트가 내 발밑에 새긴 이 구절이 파란만장한 내 삶을 지켜 줄 줄은
그때만 해도 알지 못했단다.

1923년, 마침내 내가 완성됐어.
멋지고 당당한 모습으로 사람들 앞에 나타났지.
산 아래 마을 사람들도, 서울에 사는 외국인들도 나를 구경하러 왔단다.
메리는 내게 '딜쿠샤'라는 이름을 붙여 주었어.
산스크리트어로 '기쁜 마음의 궁전'을 뜻한다 하더구나.

내가 태어난 다음 날 내 지붕 위로 비둘기들이 날아들었단다.
메리는 지붕 위에 둥지를 튼 비둘기들을 보고 감탄했지.

"한국인들은 이름을 정말 잘 짓는 것 같아요!
비둘기들이 정말 '비둘기, 비둘기' 하는 것처럼 들려요.
저 은행나무 위의 까치들도 '까치, 까치' 하고 우는 것 같다니까요!"

그렇게 내 품 안에서는 테일러 가족이
지붕 위에서는 비둘기 가족이
은행나무 위에서는 까치 가족이 평화로운 생활을 시작했단다.

앨버트와 메리에게는 아들 브루스가 있었어.
브루스가 강아지들과 함께 정원을 뛰어다니는 동안
메리는 남산이 보이는 2층 창가에 앉아서 그림을 그리곤 했지.
메리는 연극배우이자 화가였거든.
특히 한국인의 초상화를 많이 그렸는데,
메리가 그린 한국인들은 왠지 쓸쓸하고 슬퍼 보였단다.
나는 곧 그 이유를 알게 됐어.
내가 태어난 때엔 일본이 한국을 강제로 점령하고 있었거든.
앨버트는 이런 한국의 상황과 독립에 무척 관심이 많았어.
오래전부터 한국의 독립에 관한 기사를 써 왔다고 하더구나.
그래서인지 서재에서 무언가를 쓰고 있을 때가 많았어.

앨버트와 메리는 브루스가 한국의 독립과
아주 특별한 운명으로 맺어져 있다고 자주 이야기했단다.
은행나무와 나는 그 이야기를 들을 때마다 감탄하곤 했지.
자, 한국과 정말 특별한 운명으로 맺어진 브루스의 탄생 이야기를 들려줄게.

브루스는 1919년 2월 28일, 3.1 운동 하루 전날 태어났단다.
세브란스 병원에서 브루스를 낳은 메리는 앨버트를 기다리고 있었어.
그런데 갑자기 병원이 소란스러워지더니 간호사들이 병실로 뛰어 들어오는 거야.
간호사들은 메리의 침대에 종이 뭉치를 숨기고는 재빨리 사라졌지.
간호사들이 사라지자마자 병원에 일본 경찰들이 들이닥쳤어.
일본 경찰들은 병원을 샅샅이 뒤지며 무언가를 찾기 시작했지.
하지만 메리의 침대에 숨겨진 종이 뭉치는 찾지 못하고 돌아갔단다.

그날 밤, 앨버트가 아들을 보기 위해 병실로 찾아왔어.
앨버트가 침대에 누워 있던 브루스를 안아 올리자
'툭!' 하고 종이 뭉치가 앨버트의 발밑에 떨어졌지.
앨버트는 그중 한 장을 집어 들어 불빛이 있는 창가로 갔어.
희미한 불빛 아래에서 종이를 들여다보던 앨버트의 얼굴에 놀라움이 번졌어.

'조선이 독립국임과 조선인은 자주민임을 선언하노라!'

그 종이 뭉치는 바로 3.1 독립 선언서였단다.
갓 태어난 아기 브루스는 한국의 독립 선언서 위에서
우렁차게 첫 울음을 터뜨리고 있었던 거야.
앨버트는 재빨리 동생 빌을 불러서 3.1 독립 선언서를 빌의 신발 뒤축에 숨겼어.
그리고 몰래 한국을 빠져나가게 했지.

다음 날, 수많은 사람들이 만세를 부르며 거리로 뛰쳐나왔어.
메리는 브루스를 안고 걱정스럽게 창밖을 내다보았지.
만세를 부르는 사람들을 위협하고 잡아가려는 일본 헌병과
맞서 싸우는 앨버트의 모습이 보였어.
일본 헌병도 미국인 기자였던 앨버트를 잡아가진 못했단다.

3.1 독립 선언, 그리고 3.1 운동.

한국의 근현대사에서 절대로 빼놓을 수 없는 중요한 사건.
전 세계 신문에 한국의 3.1 운동에 대한 기사가 실렸고,
그와 함께 3.1 독립 선언서가 한 글자도 빠지지 않고 실렸어.
바로 앨버트가 보낸 독립 선언서였단다.
한국인들의 독립 만세 운동이 세계만방에 알려진 순간이었어.

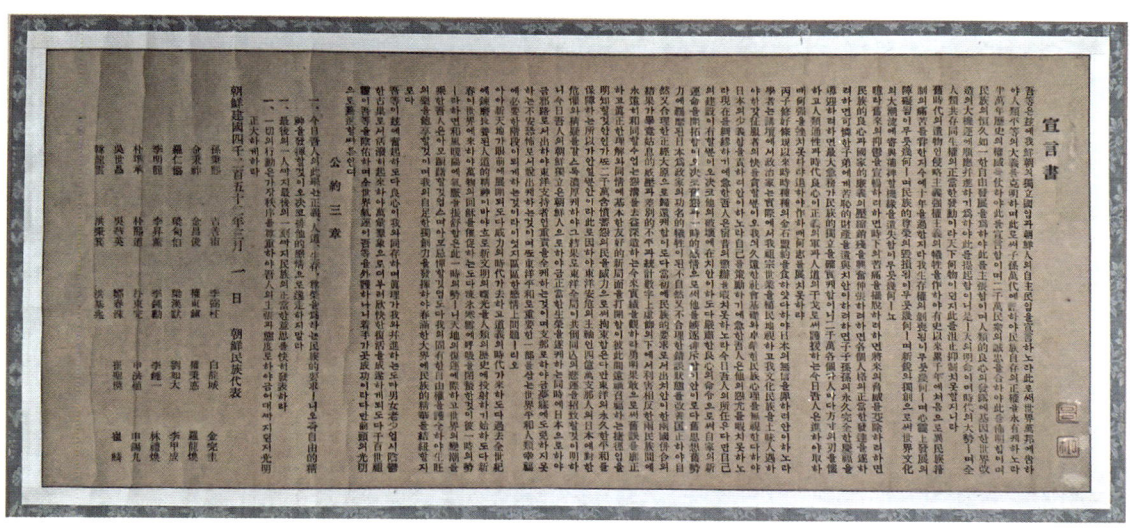

3.1 독립 선언서

우리의 행복했던 시간은 빠르게 흘러 브루스는 멋진 청년으로 자라났지.
브루스가 스물한 살이 되던 1940년 어느 날,
브루스는 군대에 입대하기 위해 집을 떠나야 했단다.
메리가 정원으로 브루스를 불러 나지막이 속삭였던 말이 기억나는구나.

"브루스야, 네가 어디를 가더라도
언젠가는 꼭 돌아와야 할 너의 집은 바로 이곳이란다."

엄마의 말을 듣고 브루스는 오랫동안 나를 물끄러미 바라보았어.
그때 브루스의 눈빛을 나는 평생 잊을 수 없었단다.

엄마와 아들은 한동안 말없이 은행나무와 정원을 바라보고,
노을이 지는 서울의 풍경을 내려다보았지.
그날의 작별이 66년이라는 긴 세월 동안 이어질 줄은
그땐 결코 알지 못했단다.

1941년 12월, 미국과 일본 사이에 태평양 전쟁이 일어났어.
바로 그 전쟁으로 테일러 가족의 운명은 바뀌고 말았지.
그와 함께 나의 운명도 바뀌었단다.
브루스는 태평양 전쟁에 참전하면서 소식이 끊기고 말았어.
생사조차 확인이 안 됐지.
서울에 남아 있는 외국인들은 앨버트의 서재에 모여서
라디오에서 나오는 전쟁 소식에 귀를 기울였어.

그러던 어느 날, 큰일이 벌어지고 말았단다.
일본 경찰들이 독립운동을 도왔던 앨버트를 체포하기 위해서 들이닥쳤거든.
앨버트는 걱정하는 메리를 달래며 일본 경찰들을 따라나섰지.
나는 의연하게 일본 경찰들을 따라나서는 앨버트의 뒷모습을
안타깝게 지켜볼 수밖에 없었단다.

며칠 뒤, 다시 일본 경찰들이 들이닥치더니 집 안을 온통 뒤지기 시작했어.
그러고는 메리에게 가택 연금✢ 조치를 내렸지.
메리는 일본 경찰들의 조롱과 감시를 받으며 남편을 기다려야만 했단다.
자기 집 안에 갇힌 포로 신세가 되어서 말이야.
식량이 떨어지자 메리는 개 사료로 죽을 쑤어 먹어야만 했어.
그런 메리를 위해 이웃에 사는 한국인들이 문밖에
달걀이며 꿩이며 식량을 가져다 놓곤 했단다.
참 고마운 사람들이었지.

✢ 가택 연금: 국가에 의해 자신의 집에 갇히는 벌.

앨버트는 다음 해 5월이 되어서야 돌아왔어.
체포된 지 6개월 만이었단다.
반년 만에 보금자리에서 함께 있게 된 두 사람은
이제 아들 브루스가 살아 있기만을 간절히 바랐어.

하지만 브루스가 돌아오기 전에 앨버트와 메리는
일본 정부로부터 추방 명령을 받았어.
앨버트와 메리는 한국에서의 추억이 깃든 소중한 물건들을 남겨 둔 채로
무엇보다 보금자리였던 나를 남겨 둔 채로
한국을 떠날 수밖에 없었단다.
두 사람이 내 품을 떠나던 날, 테일러 가족을 돕던 아낙들이 줄지어 서서
'아이고, 아이고' 소리 지르며 울었어.
그렇게 앨버트와 메리는 산 아래로 멀어져 갔지.

브루스와 앨버트, 메리가 떠난 후, 나는 오랫동안 빈집으로 남아 있었단다.
간혹 일본 경찰들이 들이닥쳐 집 안 곳곳을 뒤지다가
앨버트가 모아 놓은 골동품들을 가져가곤 했지.
나는 테일러 가족이 돌아오기만을 손꼽아 기다렸단다.
하지만 한 해가 가고, 두 해가 가고
은행나무 잎이 파랗게 돋아났다가 다시 노랗게 물든 후
꽃잎처럼 떨어지기를 여러 번 반복했는데도
테일러 가족은 돌아오지 않았단다.
돌보는 손길이 없어 나는 조금씩 폐허처럼 변해 가기 시작했지.

1945년~2005년

창문 너머로 바라본 서울

1945년 8월 15일.
나는 거대한 함성 소리에 잠을 깼단다.

"대한 독립 만세!"

브루스가 태어난 다음 날 거리를 가득 메웠다던 만세의 함성을 직접 듣게 된 거지.
서울의 거리를 내려다보니 보이는 곳마다 사람들이 쏟아져 나오고 있었어.
함성 소리도 점점 커져 갔지.
그렇게 뜨거운 열기는 처음이었어.
바로 그날, 일본의 항복으로 제2차 세계 대전이 끝났단다.
이제 한국인들은 나라를 되찾게 된 거야.
이 땅이 원래 주인에게로 돌아가자
나도 나의 주인이 돌아오길 기쁜 마음으로 기다렸어.

일본인들은 내 안에 있던 물건들을 모조리 팔아버리고 떠났어.
텅 빈 내 품 안으로 사람들이 들어오기 시작했지.
북쪽에서 내려온 피난민들이었어.
피난민들은 주인 없는 집에서 아무 방해도 받지 않으면서
화로에 불을 붙였고, 그 앞에서 잠을 잤어.
내 몸을 지탱하고 있는 나무들을 베어 장작으로 썼고,
내 몸을 휘감고 있던 파이프와 전선을 팔아서 필요한 물건을 구하기도 했지.
나는 온통 헤집어지고 뜯긴 채로
테일러 가족이 돌아오기만을 기다렸단다.
그렇게 3년이라는 시간이 흘렀지.

1948년 가을 어느 날,
커다란 은행나무가 노란 잎을 흔들며 기쁨의 소리를 질러 대기 시작했어.
나는 알았단다.
그들이 오는구나.
드디어 나의 가족이 돌아오는구나.
커다란 은행나무 기둥 뒤로 메리의 모습이 보이기 시작했어.
그러나……
메리 뒤에는 아무도 없었단다.
메리는 혼자였어.
앨버트는 도대체 어디에 있는 걸까?
홀로 서서 나를 올려다보는 메리의 눈에는
눈물이 가득 차올라 있었지.

메리는 텅 비어 있는 내 안을 돌아보기 시작했어.
자신의 물건이라고는 하나도 남아 있지 않은 방들을 돌아보고
2층 창가에서 멀리 관악산을 바라보더구나.
그리고 떠나기 전 내게 앨버트의 마지막 순간을 들려주었지.

"우린 추방당한 다음에 미국 캘리포니아에서 살았어.
매일 한국으로 돌아갈 날을 손꼽아 기다렸지.
앨버트는 태평양 너머에 자기 나라가 있고, 자기 집이 있다고 늘 얘기했단다.
그러면서 만약 자기가 한국에 돌아가기 전에 죽거든
자기의 재를 한국 땅에 묻어 달라고 부탁했지.
힘들게 한국으로 돌아가는 날을 잡았는데……
앨버트는 그날을 얼마 앞두고 갑자기 심장마비로 세상을 떠났단다.
난 앨버트의 소원을 들어주기 위해
어렵게 한국으로 떠나는 미국 군함을 얻어 탔어.
그리고 저 아래 한강이 보이는 양화진 묘지에 앨버트를 묻었지."

은행나무와 나는 앨버트가 묻혀 있다는 그곳을
조용히 바라보았단다.

1950년 여름, 메리가 떠난 지 2년째 되던 해였어.
어느 날 갑자기 사람들이 내게로 몰려들더구나.
사이렌 소리와 함께 대피하라는 방송이 흘러나왔어.
남한과 북한 사이에 전쟁이 일어난 거야.
그리고 폭격이 시작됐지.
내 눈 앞에서 건물들이 불타기 시작했단다.

군인들이 지나갈 때마다 거리는 잿더미로 변해 갔어.
보금자리와 가족을 잃은 사람들이 늘어만 갔지.
밀려오는 피난민들이 내게로 찾아들었다가
다시 또 어디론가 떠나갔단다.

1953년 여름, 3년간의 전쟁이 끝났어.
나는 폭격으로 무너져 내린 건물들과
폐허로 변해 버린 서울을 내려다보았지.
수많은 건물들이 사라졌지만 나는 운 좋게도 살아남았단다.

전쟁에서 살아남은 나는 남산이 보이는 이 언덕 위에서
전쟁의 흔적을 지워 가는 서울을 지켜볼 수 있었어.
폐허가 되었던 도시는 빠르게 복구되기 시작했지.
거리는 파헤쳐졌다 덮어지기를 반복했고
높은 건물들이 서울을 뒤덮기 시작했단다.

1960년이 지나가자 사람들이 내게도 관심을 갖더구나.
나를 꼼꼼히 둘러보고는 내가 서 있는 이 자리에
멋진 빌딩을 짓겠다고 떠들기 시작했지.
전쟁 때에는 용케 살아남았지만
주인을 잃은 나는 결국 허물어질 위기에 처하고 말았어.

그런데 기적처럼 내 발밑으로 터널이 지나간다는 소식이 들려왔단다.
터널 위의 집을 고쳐 지을 수 없다는 법 때문에
나를 허물고 빌딩을 지으려는 계획은
더 이상 진행되지 못했지.
계속되는 위기 속에서도 내가 살아남은 것은
어쩌면 앨버트가 내 발밑에 새긴
이 구절 덕분일지도 모른다는 생각이 들었어.

'건축가가 집을 지어도 하느님이 짓지 않으면 헛되고
파수꾼이 성을 지켜도 하느님이 지키지 않으면 헛되도다.'

떵! 떵! 떵!
발밑에서 터널을 뚫는 소리가 오랫동안 울려 퍼졌단다.

1967년, 서울 최초의 터널인 사직터널이 완성되었어.
내 발밑의 이 터널을 통해 수많은 차들이 서울의 서쪽에서 동쪽으로 빠르게 이동했지.
차들이 많아지면서 도로도 점점 많아졌어.
그 도로들 옆으로 빌딩들이 하늘 높이 치솟으며 올라가더구나.
내가 태어난 이래 서울이 그렇게 빠르게 변한 건 처음이었어.

이제 더 이상 내 눈에 한강은 보이지 않았단다.
서울역도 독립문도 보이지 않았지.
눈앞에는 벽과 창문만 가득했어.
하늘에서 내려다보는 것 같이 시원하게 뚫려 있던 2층 창가 앞 풍경은
고층 빌딩 숲에 갇혀 잠수함을 탄 것 같이 되어 버렸지.
은행나무 주변에도 점점 콘크리트 바닥이 좁혀 들어왔어.
은행나무는 더 이상 뿌리를 뻗지 못해 힘들어 했지.
해마다 은행잎은 점점 작아졌고, 수도 갈수록 줄었단다.

서울은 점점 더 개발이 됐고, 아파트의 시대가 왔어.
내가 태어났을 때 서울에 가득했던 기와집이나 초가집은
더 이상 볼 수 없었단다.
가난한 사람들은 점점 산 쪽으로 밀려났어.
내게도 집 없는 사람들이 수시로 들어왔다가 떠나가곤 했지.
그러는 동안 나는 옛 모습을 잃어버리고 말았단다.

앨버트가 서재로 쓰던 방에 한 가족이 이사 왔고,
메리와 브루스의 방에도 각각 다른 가족이 이사 왔어.
부엌으로 쓰던 곳에도 한 가족이 이사 왔고,
1층 거실로 쓰던 곳은 벽을 만들어 여러 가족이 나눠 썼어.
이렇게 열다섯이 넘는 가족이 나와 함께 살게 됐지.
내 품 안에 사는 사람들은 많았지만
대부분 가난한 사람들이었기에
나를 고치거나 돌보지 못했단다.
그래서 나는 점점 낡아 갔어.

어느 날, 내가 대한매일신보✢ 사옥이라는 소문이 퍼졌더구나.
나를 문화재로 지정해야 한다는 목소리가 높아졌지.
역사가들과 건축가들이 나를 둘러싸고 조사를 했어.
그러다가 발견한 거야.
DILKUSHA 1923. 내 몸에 새겨진 글씨를.
오랫동안 잊혔던 내 이름이 사람들에게 알려지는 순간이었지.
정체를 알 수 없는 이름을 만난 사람들은
나를 두고 이런저런 추측을 하기 시작했어.
이 도시에서 테일러 가족을 기억하는 건 나와 은행나무뿐이었지.

✢ 대한매일신보: 대한 제국 때 양기탁이 영국인 베델과 함께 한글과 영문으로 발간한 항일 신문.

2006년~2016년

언제나 그 자리에

은행잎이 다 떨어지고 찬바람이 매섭던 어느 겨울날이었어.
아마 2006년이었을 거야.
은행나무가 갑자기 앙상한 가지를 떨기 시작했어.
내 가슴도 두근거리기 시작했지.
난 알 수 있었어.
그리운 누군가가 오는구나.
지금 오고 있구나.

"아버지, 여기쯤이에요?"
"여기가 전부 체리나무 밭이었는데……"

떨리는 노인의 목소리가 내 귀에 꽂혔지.
그리고 은행나무 기둥 뒤로 세 사람이 모습을 드러냈단다.
두 노인과 금발의 젊은 여자였어.
그중 모자 쓴 노인이 주위를 둘러보다 나를 발견하곤 멈추어 섰단다.
나를 말없이 올려다보는 그 눈빛을 보고 알 수 있었어.
브루스로구나.
꼬마 브루스가 돌아왔구나.
66년 전, 저곳에서 나를 조용히 올려다보고 작별 인사를 건넸던 브루스가
여든일곱 살의 노인이 되어서 돌아온 거였어.

브루스 옆에 있는 백발의 여인은 브루스의 아내 조이스였지.
나는 함께 온 두 사람의 딸 제니퍼를 보고 깜짝 놀랐단다.
마치 메리가 살아 돌아온 것 같더구나.
할머니를 꼭 닮은 손녀는 나를 보고 감격스러운 목소리로 말했단다.

"여기가 바로 아버지와 할머니가 늘 말씀하시던 딜쿠샤로군요."

브루스는 많이 낡고 변해 버린 내 모습을 보고
반가워하면서도 안타까운 표정을 지었어.
오래전 메리가 찾아왔을 때처럼 2층 창가에 서서
자신이 태어난 서울을 오랫동안 바라보았지.
그러고는 내게 메리의 마지막 말을 들려주었단다.

"어머니는 이 집이 우리 가족의 희망의 궁전이 되길 바랐던 것처럼
오래도록 한국인들의 희망의 안식처가 되길 간절히 바란다고 말씀하셨지."

매일같이 나를 쓰다듬고 닦고 가꾸던 나의 첫 안주인 메리.
메리가 마지막까지 나를 잊지 않고 있었다는 사실에
가슴이 뭉클했단다.

브루스는 살아 있는 동안 나를 찾아오는 건
오늘이 마지막이 될 것 같다고 말하더구나.
그러고는 딸의 부축을 받으며
천천히 계단을 내려가 나를 떠나갔어.
나도 언제 허물어질지 모르는 낡은 몸으로
조용히 브루스를 배웅했지.

메리와 브루스는 내가 오랫동안 튼튼하게 살아남아
한국인들의 희망의 안식처가 되어 주길 바랐지만
내게는 큰 위험이 닥치고 말았단다.

어느 여름, 태풍이 몰아친 후였어.
지붕이 여기저기 무너져 내려서
빗물이 온 방 안으로 들이닥쳤지.
지붕을 고칠 여유가 없던 가난한 주민들은
커다란 천막을 덮어 겨우 비를 막았단다.

한번은 지나가던 사람이 던진 담배꽁초가
내 몸을 태운 적도 있었어.
사람들이 소방차를 불렀지만
좁은 골목길 때문에 소방차는 내게 가까이 다가오지 못했지.
나는 그때 '이것이 내 마지막이구나'라고 생각했단다.
주민들이 물을 길어 내게 여러 번 뿌리고서야
겨우 불길이 잡혔지.
그렇게 위태위태하게 나는
행촌동 언덕 위에서 10년을 더 버텼어.

마침내 나를 문화재로 지정한다는 소식이 들려왔어.
여기저기 허물어진 나의 몸을 말끔히 고쳐 준 후에
기념관으로 꾸민다더구나.
은행나무는 마치 제 일처럼 기뻐했어.
하지만 나는 마냥 기뻐할 수가 없었단다.
아픈 몸을 낫게 해 주는 것은 반가운 일이었지만
나와 함께 살던 주민들이 내 품에서 떠나야 했거든.
내겐 정말 슬픈 일이었어.

이삿짐 트럭들이 골목길을 올라올 때마다
방들은 비어 갔고, 한 가족씩 나를 떠나갔단다.
내 오랜 친구 은행나무만이 늘 그 자리에서
나를 위로해 주었지.

에필로그
언젠가는 돌아올 곳

그날은 2016년 2월 28일이었단다.
살아 있다면 브루스가 꼭 아흔일곱 살이 되는 날.
브루스의 생일인 바로 그날.
멀리 미국에서 브루스의 딸 제니퍼가 나를 찾아왔단다.
두리번거리며 언덕을 올라오는 제니퍼의 손에는
작은 주머니가 들려 있었지.
나에게 반갑게 인사를 건넨 후 제니퍼는
조심스러운 손길로 주머니에서 무언가를 꺼냈어.
그것을 커다란 은행나무 밑동에 뿌리고는 조용히 기도를 했지.
그것은 지난해 세상을 떠난 브루스의 재였단다.
내 기억 속의 꼬마 브루스가 마침내 내게로 돌아온 거였지.

"브루스야, 네가 어디를 가더라도
언젠가는 꼭 돌아와야 할 너의 집은 바로 이곳이란다."

하얀 가루가 바람에 흩날리는 동안
그 옛날 브루스에게 속삭이던 메리의 목소리가
내 귓가를 떠나지 않았어.
이제 막 불기 시작한 봄바람이
나와 은행나무와 브루스의 영혼을
조용히 하나로 감싸 안았단다.

ⓒJennifer Linley Taylor

2016년 2월, 서울시와 기획재정부, 문화재청 등은 딜쿠샤를 복원하여 2019년 시민들에게 개방하기로 하였다.
2017년 8월 8일, 문화재청은 딜쿠샤를 등록문화재 제687호로 공식 등록하였다.